恐龙小Q

哇，科学可以这样学

这就是地理

恐龙小Q少儿科普馆　编

北京出版集团
北京出版社

来到地球

欢迎你，小红角。

您好，博士。很荣幸能够来到地球进行实地考察。

为了能更好地了解地球，我们先回顾一下地球的过去吧。

天王星

地球

木星

太阳系形成，地球诞生

大约 46 亿年前，太阳系还是一堆尘埃和气体，大量的物质与能量不断旋转、汇集，最终形成了 8 颗有着固定轨道的行星，这其中就包括地球。

火星

当时很多或大或小的太空陨石不断撞击着地球，带来了大量的稀有物质。

一、二、三……地球在第三条轨道上。

金星

太阳

水星

4

地球是火球

地球不断和附近的小行星碰撞、融合，体积和质量不断增大，引力也在不断增大，更多的物质被吸引过来。大量小行星和陨石不断撞击地球，产生了大量热能。此时的地球表面被岩浆包裹着，宛如一个大火球。

那时的地球没有任何生命的迹象。

听起来好可怕呀！

上地幔

下地幔

外核

内核

海王星

地球冷却

在漫长的时间里，引力作用使重的物质向着核心不断下沉，形成了地核，较轻的物质则形成了地幔和地壳。

地表冷却下来以后，地核依然保持着热的状态。巨大的火山时不时就会发作，活跃的地震也不断撕裂着大地。火山喷出的气体中含有大量的水蒸气，在地表上空形成了巨大的云层。

王星

暴雨将至

云层不断聚集、移动，就这样过去了数百万年。一天，大暴雨突然倾泻而下，覆盖了大地，最初的海洋就这样形成了。

这场大雨下了近百万年，那是地球有史以来经历的最长的雨季。

我懂了，地球先从火球变成石球，再从石球变成了水球。

地球的保护罩——大气层

这里只是地球的外层边缘。

终于到达地球了，开心！

大气分层

大气层既能使地表免受太阳辐射的直射，使白天不至于太炎热，又可以留住太阳带来的热量，使夜晚不至于太寒冷。

最初的大气圈

大约 46 亿年前，火山喷出的大量气体与尘埃形成了地球最初的大气圈。

最初的大气圈里没有氧气，主要是氮气、二氧化碳、甲烷以及少量的氢气、水蒸气等，它们提供了孕育生命最基本的元素。

我提供了孕育生命的基本条件。

我提供了生命体内基本的碳元素。

水蒸气

二氧化碳

氢气

我是生命反应的催化剂。

大气圈

水圈

地壳

地幔

大气层既是地球的防晒衣，又是地球的保暖服。

现今的大气层共分为5层。

现在我们这就穿过以下4层，前往地表。

我们是在……地球的外层！

没有我，人类的卫星通信就要中断了。

增温层

我与流星有个约会。

中间层

看我多温和，目前大型客机大多飞行在我这一层。

平流层

云、雨、雾、雪都发生在我这层。

我的脾气很难琢磨，

对流层

现代大气形成

大约5亿多年前，随着陆地植物的出现和进化，空气中的二氧化碳含量逐渐降低，并把大气中的氧含量提高到了和今天近似的浓度。

大地比之前更有生机了。

现在的大气含氧浓度大约是21%。

地球是个水球

全是水，我们在哪儿着陆，博士？

我们的家园被叫作"地球"的确有些不合适……

水球

地球是太阳系中唯一一颗拥有海洋、河流和湖泊的星球。而且，地球上海洋的面积占了地球总面积的71%，所以把它叫作"水球"可能会更形象些。

海水变淡水

海洋里蒸发的水蒸气形成云，遇到冷空气变成了雨或雪降落到地面，之后一部分水渗入到地下，成为地下水；一部分水形成溪流，汇成江河，流回了海洋。

水汽输送

降水

蒸腾

蒸发

蒸发

地球上的水都是从我这儿出发的。

海水既咸又苦，不能直接饮用。

这也太难喝了吧。

一定有办法把海水变成淡水！

地表径流

我是陆地上的淡水主要存在形式，但最终也要奔流入海。

地下径流

我是地球的地下水库，你们可以通过挖井的方式找到我。

冰川

积雪终年不化，就会形成冰川。一些冰川的面积很大，被称作冰盖。地球的南极就被一块巨大的冰盖覆盖着。

那边的透明块状物是什么？

它的名字叫"冰川"，是地球上一种特殊的淡水资源。

下渗

我是陆地上的大水塘，降水、地面径流和地下水是我的来源。

博士，博士，你看我的小角都冻僵了。

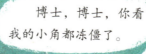
大自然可真神奇！

这就是地球的水循环，它把海水转化成了淡水，淡水又养育了陆地上的生命。

地心有多热

地球的构造就像是一个半熟的鸡蛋，分为3层。

但我可不能吃，也孵不出小鸡。

小红角，不要急，其实我们脚下就有一个"大火炉"。

地球的表面相当于蛋壳，叫作"地壳"。

地壳的下面是"中间层"，相当于蛋白，也叫"地幔"。地幔的温度有1000～4400℃，越接近地核温度越高，地核的温度大约在5000℃以上。

我们一起锁住了地核的热量。

没错。

地壳的内部相当于蛋黄，叫作"地核"。地核又分为外地核和内地核，内地核更热，温度可能高达6600℃。

我怎么一点儿也感觉不到它的热度。

因为我们距离地核太远太远了！

火山喷发

地球内部上地幔的上部，充满了炽热的岩浆。在极大的压力下，岩浆会沿着火山通道和火山喉管从薄弱的地方冲破地壳，喷发出来，形成火山喷发。

我憋不住了！

地核的热量是从哪里来的呢？

在很久很久以前……

地核热量的来源

■ 地球的自转

地球周围还是一片宇宙星云尘埃的时候，这些星云尘埃在太阳引力的带动下高速旋转，这些旋转的动能一部分转化为地球自转的能量，一部分则转化为热能，被地球储存起来。

运动过多，能量有点儿充足。

■ 放射性元素

还有一部分地核热量来自于地球内部放射性元素的衰变，这些元素在衰变过程中会释放大量的热量来保持地球内部的热量供应。

希望哪天凉快了，我们能去地底环游一圈。

事实上，地核的温度也在慢慢降低，目前地核的温度与45亿年前相比，已经低了不少。

地球在转圈圈

昼夜交替

地球正对太阳的一面是白天，背对太阳的一面是黑夜。地球自身始终绕着地轴自西向东做旋转。

太阳光会在地球身上形成一条分界线，这条线也叫晨昏线。地球自西向东经过晨线进入白天，经过昏线进入夜晚。

昼　夜

地轴

地轴只是个假想轴，并不真实存在于地球上。

北极星

赤道的位置

地轴

博士，太阳要落山了。

太阳照亮了地球，而地球自转形成了昼夜交替。

W

S

地球准确的自转周期其实是 23 小时 56 分 4 秒。

一天有 24 小时

地球自转一圈就是人们所说的"一天"，即 24 小时。

23:56:04

自转的速度

在赤道上，地球自转的速度约为 1666 千米 / 小时。然后从赤道向两极逐渐减小，到了两极，速度为零。

北纬 60° 837 千米 / 小时

北纬 30° 1447 千米 / 小时

赤道 1670 千米 / 小时

地心

我怎么一点儿也没感觉到地球在旋转，是不是因为它转得太慢了？

这是因为我们是站在地球上的，人和地球相对静止，所以感觉不到。

卫星发射基地建在离赤道越近的地方越节省能源。

一年中，8 月间地球自转速度最快，3 月至 4 月间自转速度最慢。

转起来！

我有点儿累了……

尝试闭着眼走直线

地球自转，还会导致物体水平方向发生偏移。北半球向右偏，南半球向左偏，赤道不偏移。

→ 运动方向

→ 偏移方向

那我试着闭上眼睛走一走。

小心！前面有悬崖！

13

四季的形成

地球的公转

地球公转一圈需要一年。别误会，它可不是慢悠悠地"散步"，而是以每秒约 30 千米的速度"快跑"。

这一天，北半球的白天最长，北极圈内出现极昼现象。极昼就是太阳不落，天空总是亮着。

地球在绕地轴自转的同时，也在不停地绕着太阳公转。

这么看，太阳好像并不在地球公转轨道的中心。

太阳直射北回归线时（大约 6 月 22 日），北半球迎来了夏季。

7 月初，地球离太阳最远。

天气暖和了，我要快快跑！

为什么地球在远日点时，北半球反而更热呢？

地球表面的冷热与近日点、远日点无关，与太阳光和地面的角度有关。7 月初太阳距地球最远，但太阳直射点在北半球，所以北半球较热，南半球较冷。

天气就要变暖。

太阳由北向南（大约 3 月 21 日）直射赤道上，春季到来。

路好长，我好累……

1 月初，地球离太阳最近。

太阳直射南回归线时（大约 12 月 22 日），冬季来临。

太阳由南向北（大约 9 月 23 日）直射赤道上，秋季到来。

这一天，北半球的黑夜最长，北极圈内出现极夜现象。极夜就是太阳不出现，天空一直都是黑的。

回归线

地球的自转与公转各有一个轨道面，两个轨道面之间有一个 23°56′ 的夹角。这使得太阳的直射点以一年为周期，在赤道两侧各 23°56′ 的范围内移动。

地轴

赤道平面

如何确定位置

博士，我的记事本好像不小心丢在南极了……

你还记得具体位置吗？南极很大的。

赤道这个圆圈并不是真实存在的，而是人们假想的。

地球仪中间的这条线就是赤道。在赤道上面的叫北半球，在赤道下面的叫南半球。

中间这根倾斜的轴即是假想的地轴。

认识地球仪

　　人类仿造地球的形状，制作了地球的模型——地球仪。其实，地球是一个两极稍扁、赤道略鼓的不规则球体，而非地球仪所呈现出的那样完美的正球体。

这是理想的我，而非现实的我。

所以我们应该去赤道"下面"找找看。

好像在这边，也好像在那边。

南极在这儿。

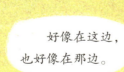

为了确认记事本丢失的具体位置，我们还要借助两条神奇的线。

根据飞行记录仪显示，我们昨天去过南极这个位置——南纬80°，东经77°。

南纬，东经，那是什么？

北极

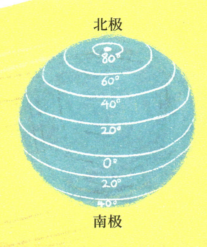

南极

经纬线

■ 纬线

纬线是圆形的，它们与赤道平行，向南北延伸。纬线圈长短不一，赤道最长，在南北极汇集成两个极点。

赤道以南叫南纬，赤道以北叫北纬。南、北纬各分为90°。

■ 经线

经线是半圆形的，每一根经线都汇集在南北两个极点，它们的长度相等。

经线是以英国格林尼治天文台的那条经线作为起点的，这条线又被称作"本初子午线"。

本初子午线以东的经线被称作东经，以西的经线被称作西经。东、西经各分为180°。

北极

南极

这样，我们就可以用经线和纬线定位地球上的任何一个点了。

我看到我的记事本了，它在那儿！

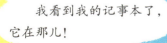

大陆在漂移

拼图游戏

很久以前，地球上只有一块陆地，我们叫它"盘古大陆"。随着时间的推移，盘古大陆分裂成了两块——劳亚古陆和冈瓦纳古陆。两块古陆继续分裂、漂移，慢慢形成了今天的大陆板块格局。

为了方便起见，人类将地球分成了六大板块：欧亚板块、太平洋板块、美洲板块、非洲板块、印澳板块和南极洲板块。

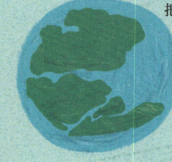

把地球表面展开

赤道

板块指的不是陆地，而是岩石圈。它包含了地壳以及一小部分地幔。

南美洲大陆和非洲大陆就像拼图上彼此相连的两块。

拼图原来连接地区的生物类型也很相似。

那边那个家伙和我长得有点儿像。

你是我失散多年的姐妹吗？

他们是来自其他大陆的南极科考人员，正在测定南极的煤炭储量。

博士，那边有人在搭建机械设备。

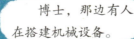

南极有煤炭

煤炭是古森林的遗迹，在南极洲发现煤炭，证明南极洲之前的气候也是温暖湿润的。

板块为什么会漂移

地核产生的热通过地幔上升到地壳下面然后又降下去，就像厨房炉灶炖汤产生的热汤一样。

在热对流从地幔上升的地方，板块被推开；由于板块的拉伸，在非洲形成了世界陆地上最长的裂谷带——东非大裂谷。

板块们为什么不老老实实待在一个地方？

因为地核产生的热。

在热对流下沉回去的地方，板块被推挤在一起。印度洋板块从南极附近一路北上，跨越赤道撞上了欧亚板块，形成了著名的喜马拉雅山。

好壮观！好危险！

不用怕，板块运动的速度非常慢。

原来我是被挤出来的呀。

火山地震带

板块的交界处是全球地震最活跃的地带，它们的分布与火山分布重合。

板块运动不是只会搞破坏，它还是地球多样地貌的塑造者。

所以我们才会看到迷人的湖泊和大海，令人敬畏的大山和大河。

地表处处有不同

盆地的形成与地壳运动有很大关系。

好了，我知道你是最大的盆地。

我是地球上的超级大盆地，我叫西伯利亚盆地。

盆地

    盆地指的是四周隆起、中间凹成盆状的地貌。一般情况下，盆地中常有湖泊或者湖水退去后留下的很厚的沉积物。

丘陵

    在地貌的演化过程中，丘陵属于山地向平原过渡阶段的中间地貌形态，相对高度较小，坡度较缓。

我好像有点儿高不成，低不就……

我是世界上最大的河流冲积平原，我的家在南美洲。

亚马孙平原

平原按照成因可分为冲积平原、侵蚀平原和构造平原。

平原

    平原的海拔较低，一般在 200 米以下，地表有平缓的起伏。

我的家在亚洲中部、中国西南部，我有 8848.86 米高，看我多雄伟，看我酷不酷？

山地

山地是对地球表面高度较大、坡度较陡的山地的统称。它是最基本的地形之一。

珠穆朗玛峰

高原

高原的主要特征是海拔较高，完整的大面积隆起，广阔而平坦。

青藏高原

巴西高原

高原里数我最高，我的平均海拔在 4000 米以上。

除了南极高原，我可是面积最大的高原，比半个中国还大。

为什么要除去南极高原？

因为南极没有常住人口。

21

海岛与海流

来到海边，吹吹海风，可真舒服！博士，你看，那边有一小块陆地。

人们把这样的陆地叫作岛屿。

是我！是我！

岛屿有大有小，最小的岛只有不到 1 平方千米。

我的位置靠近北极。

岛屿是散布在海洋中，四面环水、自然形成且能维持人类居住的陆地。

最大的是格陵兰岛，面积约有 216 万平方千米。

岛屿怎么形成

■ 大陆岛
因地壳运动而引起陆地下沉或海平面上升，最终部分陆地与大陆分离，形成了岛屿。

我的诞生轰轰烈烈。

■ 珊瑚岛
由海洋中的珊瑚虫遗骸堆积而成的岛屿。

■ 火山岛
由火山喷发的物质堆积成的岛屿。

■ 冲积岛
由河流或湖泊中的泥沙堆积而形成的岛屿。

我还不想与陆地分离……

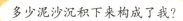
多少泥沙沉积下来构成了我？

海水运动

一般我们将海水运动分为 3 类：潮汐、洋流和波浪。
潮汐是海水在月亮和太阳的引力作用下周期性的潮涨潮落。

人们将白天的海水涨落称作潮，将夜晚的海水涨落称作汐。

小潮

太阳引力

月球引力

太阳

月球

月球

大潮

我和月亮有个浪漫的故事。

洋流是比较稳定的海水运动状态。它的运动规模非常大，有一定方向。

在风的作用下，海面会出现波状起伏，风速越大，波状越大。我们把这样的海水运动状态称作波浪。

风好像变大了。

快逃！这不是什么平常的海浪，而是海啸！

大海也会发怒

海啸来袭

海啸的力量来自海底或海边，它是由海底地震、火山爆发或海底塌陷、滑坡激起的大海浪，破坏力极大。

感受来自大海的愤怒吧！

我完全分不清哪个是海浪，哪个是海啸。

它们的区别在于力量来源不同。

海啸发生时，震荡波在海面上以不断扩大的圆圈，传播到很远的地方。剧烈震动之后不久，巨浪呼啸，以摧枯拉朽之势越过海岸线。

前面有一堵墙，我们去那边躲躲吧！

不好！那是台风！

飓风与台风

我们将西太平洋地区形成的强大而深厚的、风力达 12 级或以上的热带气旋称为台风，将大西洋和东太平洋地区形成的强大而深厚的、风力为 12 级及以上的热带气旋称为飓风。

■ 云墙区
是由高耸的积雨云组成的围绕台风中心的同心圆状云带，好似一堵高耸的云墙。

■ 外围区
由层积云或浓积云组成，以较小的角度旋向台风内部。

■ 台风眼
外面虽然翻江倒海，台风眼却极其平静。

那我们躲到台风眼里不就安全了？

不行，台风是移动的，台风眼也是移动的，我们不可能跟着台风一直走，那样太危险了。

风暴潮

台风外围的高气压会把低压风暴区的海水堆积起来，这些被堆积起来的海浪就是风暴潮。

台风还会给沿海陆地地区带来大量的降水，有时候甚至会引发洪水。

风暴潮涨潮时不淹没高地

海啸似一堵墙迅速淹没高地

博士，海啸追过来了！

那不是海啸，是风暴潮。

总算是没被台风卷进去。

得救了！得救了！大海发怒可真是太可怕了！

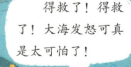

聚落与城市

乡村与城市

如今，全球有一半以上的人口都聚集在城市。

欢迎来到人类的大型聚落——城市！

其实，人类最早的聚落并不是城市，而是乡村。

乡村聚落

在人类早期，人们发现共同生活在一起可以更好地防御野兽、繁衍后代、获取食物。就这样，一个个分散的乡村聚落开始形成了。

在之后的日子里，相邻的乡村之间联系越来越紧密，便有了城镇，城镇继续扩大便有了城市。

乌鲁克城位于美索不达米亚南部的幼发拉底河下游右岸。

稳定的群居生活也是人类文明出现的前提。

■ 第一座城市

人类的第一座城市出现在美索不达米亚地区，这座城市叫作乌鲁克城。

城市的区位

河流的供水和运输功能往往能决定一个城市的区位，许多城市的出现都与河流有关。

> 城市的地理位置也很讲究。要有食物、要有水源、要有方便的交通。

城市的建设与所在地的地形条件也密切相关。一般来说，城市多分布在平原地区。

> 平原地区土壤肥沃，便于种植庄稼，地势平坦，交通便利。

平原城市

> 那高原和山地有城市吗？

> 高原和山地也有城市，但城市较少，而且受地貌形态的限制，城市形态也不尽相同。

山地城市

> 这里比山地城市看着更规整些。

> 因地制宜是城市建设的基本原则。

高原城市

城市的区位划分

城市的形态

在小比例尺的地图上，城市看起来只是一个个小点。在大比例尺的地图上，城市外部轮廓才会呈现出一定形状。

我又瘦又高。

城市 A

我怎么看起来胖乎乎的？

城市 B

比例尺指的是什么？

比例尺

比例尺 = 图上距离 / 实际距离。

同样的物体或城市在大比例尺的地图上看起来较小，在小比例尺的地图上看起来较大。

在小比例尺上我们看起来很大。

在大比例尺上，我们看起来很小。

城市用地

不同类型的城市土地利用方式也很不一样。一般来说，城市用地方式共有以下3种：工业用地、生活居住用地和商业区用地。

差距也太大了！

距市中心越近，土地价格就越贵。

■ 住宅区

住宅区是城市居民的主要生活场所，一个普通居民在住宅中度过的时间最长。

有的城市住宅区还分为中高级住宅和低级住宅。

城市化虽然促进了发展，也带来了严重的贫富差距。

■ 商业区

商业区是人们进行商业活动的场所，多位于城市的中心地带。

■ 工业区

工业区多位于郊区靠近河流、铁路、公路等交通便利的地带。

如果是污染较重的企业就要远离城区。

或者在工业区与住宅区之间设置个防护带。

城市工业需要从外地运输大量的原料和设备，而生产出的产品也需要及时运出。

城市中的人

四大人种

国际化大都市里不仅生活着黄种人，还生活着白种人、黑种人和棕种人。

大城市不仅人口多，人口构成也极其复杂。

■ 黑种人

皮肤呈黑棕色，头发卷曲，嘴唇较厚。

■ 棕种人

肤色深，头发卷曲，有时会呈红色或亚麻色。

■ 黄种人

肤色呈黄色，头发直，发色黑，眼睛色深；颧骨较高，面部扁平。

■ 白种人

肤色多呈白色，毛发多为波浪状金发和棕发，鼻梁高，眼睛呈蓝色。

是的，我的家乡主要在亚洲东部。

肤色的秘密

人的肤色与皮下色素细胞的多少有关，色素分布越密，肤色就越深。

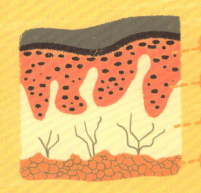

- 黑色素
- 表皮层
- 真皮层
- 皮下组织

肤色

纬度 低 ——→ 高

人的肤色也与生活区域的日照强度有关。随着纬度的升高，人种的肤色逐渐变浅。赤道地区的居民肤色较重，而北欧地区的居民肤色较浅。

不同的人种　同一个祖先

不管什么肤色的人种，他们都有着共同的祖先，那就是智人。

智人的肤色看起来有点儿深。

智人最早生活在非洲地区，当地的日照可是非常强烈的。

后来，由于生存环境的改变，智人走出了非洲，走向各地，他们的体质形态也开始出现差异，相同地区的人形成了共有的遗传特征，不同的人种就形成了。

你看，不同的人种最早也是一家人。

去远方——我们的交通

大城市并非孤岛，人们虽然在各个不同的大城市中会集，但彼此之间的联系却并没有因此减少，反而更加紧密了，这多亏了便捷、多样的交通工具。

铁路

铁路交通是目前地表最安全、运输量最大、受自然因素影响比较小的交通方式。

> 不论刮风、下雨，我都安全行驶在轨道上。

铁路

公路

如果是短途旅行，我们也可以选择公路交通。这样我们就可以走走停停，欣赏路边的风景，与途中新认识的朋友聊聊天。

> 我们可以乘着飞机、火车去远方。

公路

> 乘坐人类的交通工具，感受地球上的距离和时间。

> 自驾机动灵活，但花销也较高。

> 倒是可以更好地了解人类社会。

> 如果遇到堵车或车坏了，我就不能保证各位能有一个愉快的旅程了。

国家与人口

　　我们可以坐着火车、飞机、轮船去更远的地方，法国、英国、澳大利亚、南非、巴西、墨西哥、加拿大、印度等，那么多陌生、有趣的地方在召唤着我们。

你怎么带了这么多行李？

目前，世界上共有 200 多个国家和地区。

地区指的是那些拥有高度自治权，但还未被国际社会承认是独立国家的区域。

地区和国家有什么区别吗？

最大的国家与最小的国家

　　梵蒂冈是世界上最小的独立国家，它大概只有北京天安门广场那么大。

别看我小，功能可不少。

那确实太小了！

　　目前，国土面积最大的国家是俄罗斯联邦。它横跨亚欧大陆，仅在欧洲部分的领土，就占整个欧洲的 42% 左右。

我虽然很大，但很多地方确实不适合居住。

人口

　　截止到 2021 年，地球上生活着近 76 亿人，有一半以上的人口都生活在亚洲。其中，中国和印度的人口数远远超过了其他国家。

国土面积越大，是不是人口也越多？

这可不一定，人口在地球上并不是均衡分布的，俄罗斯的人口数在全球仅排名第九。

太可怕了，这么多人乘坐一辆火车……

宜居生活与人口密度

人口密度

人口密度是指每平方千米的常住人口数量。

一个国家的人口多并不能说明这个国家很拥挤，人口密度的高低才是衡量一个地方是否拥挤的标准。

我猜印度的人口密度一定很高。

印度的邻国——孟加拉国的人口密度更高。

最拥挤的国家之一

孟加拉国的总人口约 1.647 亿，每平方千米约生活着 1265 人，是目前人口密度最高的国家之一。

愁，人太多了，这里的土地快承载不起了！

哪个地区最不拥挤

北美洲的格陵兰岛是世界上常住人口密度最低的地区，人口密度仅为 0.026 人 / 平方千米。

一起来感受慢节奏的生活吧。

格陵兰岛是地球上最大的岛屿，它常年被冰雪覆盖，常常走几千米都看不到一栋房屋，也看不见一个人。

如果人既不多也不少，还能舒适生活就好了。

适度人口与宜居生活

人口过剩容易出现粮食短缺、住房紧张、交通拥挤、环境恶化等问题；人口太少又会让社会生产力严重不足，发展停滞。

所以，保持适度的人口数量对所有的国家都很重要。

适度人口

人口不足

人口过剩

人均产量

总人口

耕地都荒废了……

一个地方有多少适宜耕种的土地，有多少矿物，工业建设怎么样，直接决定了这个地方能承载多少人。

农业创造文明

狩猎与采集

在原始农业出现以前，人类一直靠采集和狩猎为生，当时的人口总数很少。

狩猎不仅可以获得食物，还能得到厚实的毛皮，但是没有保障。

但今天我们可不能随意杀害野生动物。

农业的产生

进入新石器时代之后，地球气候开始变暖，人类逐渐了解了各类动植物的习性，开始驯化动物、培育植物。

和我一起种稻子吧，今年的收成很好。

你看看，我这只羊养了两个夏天了。

部落的人数明显增多了，像个小村镇。

人类此时还发明了各类新式的工具。

稳定的食物来源使得地球上的人口总数迅速增多，农业生产开始成为人类最基本、最重要的生产活动。

农业的分类

农业并不局限于种植业，还包括畜牧业、林业、渔业、副业 4 类。其中，种植业和畜牧业是世界各地主要的农业地域类型。由于各地的动植物种类不同，自然条件也存在差异，于是便出现了多种多样的农业地域类型。在地中海沿岸，人们主要种植小麦和大麦。

这里的阳光好舒服。

地中海沿岸也盛产优质、可口的葡萄。

土壤肥沃、地广人稀的大平原大多采用机械化种植、机械化收割。

要是人来收割可真要累死了。

而在美国中部，人们主要种植玉米。由于地势低平、土层深厚，春夏两季气温高，美国中部也成了最大的玉米生产区。

农业与文明

历史上最早出现文明的地方，也是农业比较发达的地方。东半球的古埃及、古巴比伦、古印度和中国，西半球的墨西哥、玛雅和印加，都是先出现了大规模的农业活动，才产生了繁盛的文明。

好奇怪，它们都分布在北纬 30° 附近。

因为这里气候适宜，水源充足，适合农业的发展。

古巴比伦

中国

30°N

古埃及

古印度

人类的工业

农业让人类填饱了肚子，扩大了族群，但真正使人类强大起来的却是工业。工业不仅丰富了人们的日常生活，也生产出了更多、更高效的劳动工具。

能够制造航天飞机是一个国家工业发达的标志之一。

播种机可比之前的人工播种快多了。

工业的推动力——能源

工业化早期，交通运输是个大问题，能源动力主要是水力，因此早期的企业多分布在河流附近。

自从有了蒸汽机，工厂摆脱了水力的限制，煤炭开始成为工业发展的主要能源。

1.0 水力

直到电能取代了热能（煤炭燃烧），能源的生产和使用才第一次分离，工厂选址不再依赖煤炭资源。

机器开始取代部分人类劳动力。

2.0 蒸汽动力

瓦特改良了蒸汽机，让人类真正进入到了工业时代。

即使相隔千里，能源也可瞬间送达。

3.0 电力

煤炭

40

工业产品

一般来说，工业产品可以分为两类：一类是满足人们生活需要的产品，如食品、服装、电子产品。一类是满足人们生产需要的产品，如五金工具、运输机械等。

流水线生产

很多时候，一件产品的加工过程中可能需要很多工厂的分工协作。即使在同一家工厂内，不同的工序也可能需要不同的部门来负责。

工业的未来

机器取代人工是未来工业化生产的必然趋势。未来，人类需要做的工作可能只是提前按下几个按钮，其他的事就可以全部交给机器了。

世界地球日

地球日活动

　　每年的 4 月 22 日是世界地球日，人们会在这一天参加到宣传环保的活动中。

污染与破坏

　　工业革命以来，人类肆无忌惮的开发对地球生态造成了极大破坏。大量的土地正在变成荒漠。

信天翁尸骸的肚子里塞满了塑料垃圾。

污水排放、石油泄漏破坏了海洋原有的生态。

地球大气也受到了不同程度的污染，燃料燃烧、工业排放、交通工具尾气排放是大气污染的主要原因。如今全球有约 90% 的人口都呼吸着被污染的空气。

雾霾

蓝天白云本是天空应有的色彩。

救命呀！

堆积成山的垃圾

伴随着物质财富的极大丰富，人类产生的垃圾也越来越多。大量的塑料垃圾被扔进了大海，由于塑料垃圾的降解速度极慢，不少垃圾甚至漂到了北极地区。

五彩缤纷的珊瑚哪里去了？

海底环境遭到破坏，珊瑚大面积白化、死亡。

太平洋垃圾带也被人们戏称为"第八大陆"。

变暖还是变冷

地球是个"温室花房"

相较于太阳系中的其他星球，地球之所以温暖适宜，不仅因为有太阳光的照射，还因为地球有大气层，本身就像一个大花房，很保温。

太阳辐射

被大气层反射 30%

被温室气体反射 95%

大气保温效应

并不是所有的气体都能锁住热量，能够锁住热量的气体被我们称作大气保温气体。

被大气层吸收 20%

地面辐射

温室效应

地面吸收 50%

我占了大气保温气体总量的一半多。

甲烷

虽然我的总量不如二氧化碳，但我的保温作用却高出它 22 倍。

二氧化碳

臭氧

我不仅可以保温，还可以吸收大量的紫外线。

原来我们是在地球大温室里呀。

没有大气保温效应，地球就不会孕育出生命。

但过量的紫外线照射对人体极为有害。

紫外线不是用来杀菌的吗？

物极必反

在很长一段时间内，大气中的保温气体总量一直非常稳定，直到人类大规模的工业化生产，开始大幅增长。从 19 世纪到现在，大气中的二氧化碳浓度上升了约 40%，甲烷浓度上升了约 60%。

大气的保温作用更强了。

- 但这未必是好事。

全球变暖导致地球两极冰盖融化，海平面上升，部分沿海地区被淹没。大量生物丧失了它们原有的栖息地。

也可能在变冷

但也有部分科学家预测，太阳活动可能会在 2030 年左右进入休眠期，地球温度将持续下降，进入小冰期。

变冷还是变暖，这是个问题。

不管变冷还是变暖，我们都要节能减排，敬畏大自然。

不只是人类的家园

生物圈

地球上不仅有数不清的山川大河，还生活着众多神奇的生物，它们共同构成了地球的生物圈。

生物圈是对地球上所有的生物及其环境的统称。

1、2、3、4、5、6……

目前人类已经确定、命名和记录的生物约有200万种。

开会了，开会了。

生态系统

每一种生物都要从它周围的环境中吸取空气、水分、阳光、热量和营养物质。

热带雨林

热带雨林地区常年雨量充沛，气候炎热，生物群落演替速度极快。地球一半以上的动植物都在此间生活。

人们又把我叫作"地球之肺"。

亚马孙热带雨林

呼！真是元气满满的一天。

热带雨林地区氧气充足，仅亚马孙热带雨林产生的氧气就占全球氧气总量的 20%。

不想和地球说再见

地球不只是人类的家，也是动植物的家。工业革命以来，人类的各种行为对生态系统造成了前所未有的破坏，许多动植物处于濒危状态。

大家都快无家可归了。

熊猴

冠麻鸭

雪豹

食物！

高鼻羚羊

中华白鳍豚

我是世界上最后一只，求放过。

未来 如果再不保护地球、爱护自然，更多的生物将会离我们而去，繁盛的生物圈将变得冷清。最终，只剩下孤单的人类生活在贫瘠的大地上。为了不让这一幕发生，保护地球生态多样性是每个地球人的职责。

地球的明天会更好。

图书在版编目（CIP）数据

这就是地理 / 恐龙小Q少儿科普馆编. — 北京 ：北京出版社，2023.1
（哇，科学可以这样学）
ISBN 978-7-200-17200-3

Ⅰ．①这… Ⅱ．①恐… Ⅲ．①地理学 — 少儿读物 Ⅳ．①K90-49

中国版本图书馆 CIP 数据核字（2022）第 098016 号

哇，科学可以这样学
这就是地理
ZHE JIU SHI DILI

恐龙小 Q 少儿科普馆　编

*

北 京 出 版 集 团
北 京 出 版 社　出　版

（北京北三环中路 6 号）
邮政编码：100120

网　　　址：www.bph.com.cn

北 京 出 版 集 团 总 发 行
新 华 书 店 经 销
北京天恒嘉业印刷有限公司印刷

*

710 毫米 ×1000 毫米　8 开本　7 印张　120 千字
2023 年 1 月第 1 版　2023 年 1 月第 1 次印刷
ISBN 978-7-200-17200-3
———————————————
定价：68.00 元

如有印装质量问题，由本社负责调换
质量监督电话：010-58572393

恐龙小 Q

恐龙小 Q 是大唐文化旗下一个由国内多位资深童书编辑、插画家组成的原创童书研发平台，下含恐龙小 Q 少儿科普馆（主打图书为少儿科普读物）和恐龙小 Q 儿童教育中心（主打图书为儿童绘本）等部门。目前恐龙小 Q 拥有成熟的儿童心理顾问与稳定优秀的创作团队，并与国内多家少儿图书出版社建立了长期密切的合作关系，无论是主题、内容、绘画艺术，还是装帧设计，乃至纸张的选择，恐龙小 Q 都力求做得更好。孩子的快乐与幸福是我们不变的追求，恐龙小 Q 将以更热诚和精益求精的态度，制作更优秀的原创童书，陪伴下一代健康快乐地成长！

原创团队

创作编辑：高　锋
绘　　画：韩亚哲
策 划 人：李　鑫
艺术总监：蘑　菇
统筹编辑：毛　毛
设　　计：王娇龙　乔景香